LE LAVATER

DES DAMES.

On trouve chez le même Libraire :

Le *Lavater portatif*, ou Précis de l'Art de connoître les hommes par les traits du visage, troisième édition ; 1 vol. in-16, avec 32 planches coloriées, et le portrait de Lavater. Prix, 3 fr.

Le *Lavater des Dames*, ou l'Art de connoître les femmes sur leur physionomie ; suivi d'un Essai sur les moyens de procréer des enfans d'esprit ; 1 vol. in-16, avec 30 planches coloriées. 4e édition corrigée et considérablement augmentée. Prix, 3 fr.

La *Mimique*, ou l'Art de connoître les hommes sur leurs attitudes, leurs gestes et leur démarche ; 1 vol. in-16, avec 32 planches coloriées. Prix, 3 fr.

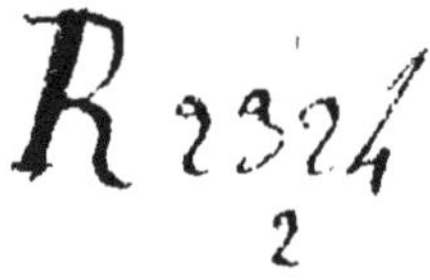

De l'Imprimerie de Mme Ve COURCIER, quai des Augustins, n° 57.

LE LAVATER
DES DAMES,

OU

L'ART DE CONNOITRE LES FEMMES
SUR LEUR PHYSIONOMIE;

Suivi d'un Essai sur les Moyens de procréer des Enfans d'esprit.

AVEC TRENTE PLANCHES COLORIÉES,

QUATRIÈME ÉDITION

Corrigée et considérablement augmentée,

PAR HOCQUART.

PARIS,
Chez SAINTIN, Libraire, rue de l'Éperon, n° 6.
1812.

AVANT-PROPOS.

Dans ce petit Ouvrage, mon but a été de faciliter l'étude de la Physiognomie, en établissant les principes généraux qui forment la base de cette science. Je ne me suis point flatté d'offrir tout d'un coup les moyens de lire sur tous les visages, sans travail et sans étude préliminaires; car l'étude et la réflexion sont indispensables dans la Physiognomie: on n'acquiert qu'à la longue, et à force d'exercice, l'art d'apprécier ces nuances fugitives d'un caractère, nuances qui échappent à l'œil peu exercé. Mais les personnes qui veulent apprendre à connoître l'homme, ont besoin d'un guide; dans cette science il est si facile de prendre le chemin de l'erreur! Ce guide, j'ai tâché de le remplacer par ce petit Ouvrage. Heureux si j'ai pu écarter les ronces, et jeter quelques fleurs dans le sentier de la vérité.

Cette quatrième Édition est considérablement augmentée. J'ai cherché à établir dans un article séparé, une vérité trop méconnue, c'est que le génie et l'esprit des enfans sont en raison directe de l'amour plus ou moins grand qui animoit leurs parens au moment de la conception. Je consolide cette assertion par les preuves les plus concluantes et les plus fortes. On me pardonnera cette digression physiologique en faveur de son intérêt et de son utilité, car la conséquence que l'on en tirera sera celle-ci : *Époux, aimez-vous si vous voulez que vos enfans soient doués de toutes les qualités morales*; et encore : *Ne vous unissez qu'à celle qui peut faire votre bonheur par un amour réciproque.*

LE LAVATER
DES DAMES.

La Physiognomie ou l'art de connoître les hommes sur leurs caractères extérieurs, n'est point une science chimérique et illusoire; elle n'est pas même si difficile à acquérir que l'assurent ceux qui, la connoissant à peine, veulent donner un air de merveilleux à la légère teinture qu'ils en possèdent.

Je vais tâcher de prouver en peu de mots son existence et son utilité : c'est la nature que j'invoquerai, car la plus forte de mes preuves sera cet instinct que l'homme apporte en naissant; les plus incrédules seront obligés de l'admettre, puisque cet instinct les guide comme le reste des hommes. La première vue d'un inconnu ne manque jamais de produire sur nous une impression quelconque, nous nous sentons attirés vers lui, ou bien nous éprouvons un sentiment d'éloignement : livrons-nous à cette voix secrète de la nature, suivons sans crainte les avertissemens qu'elle nous donne, elle ne nous trompera jamais; mais gardons-nous de la confondre avec les préventions d'un esprit frappé, et sachons que si la beauté n'est pas toujours le temple de la vertu, une enveloppe difforme renferme souvent une ame douée des plus sublimes qualités.

Pourquoi a-t-on osé révoquer en doute l'existence de la physiognomie, quand on voit tous les jours des hommes dont le visage porte l'empreinte des passions qui les ont agités? Des joues creuses, un front sillonné, des lèvres pâles et serrées que jamais le sourire ne vient égayer, des yeux baissés vers la terre; tous ces traits, enfin, peuvent-ils caractériser la gaîté? n'est-ce pas les indices d'une sombre mélancolie? Parcourez les repaires du crime, entrez dans ces prisons où le scélérat, chargé de fers, subit la peine de ses forfaits : là vous verrez des physionomies qui semblent appartenir exclusivement au vice; l'expression d'un mouvement vertueux sembleroit étrangère sur de tels visages, car leurs muscles contractés ne savent plus qu'exprimer les plus vils sentimens de l'ame, ou les transports de la rage et du désespoir. Enfin, visitez ces tripots où les joueurs, suspendus entre la crainte et l'espérance, sont en proie à une inquiétude dévorante : leurs traits sont décomposés, mais sur leurs fronts vous lisez *oisiveté* et *imprudence*. Jamais, dans les lieux fréquentés par le vice, vous ne rencontrerez de ces physionomies heureuses et prévenantes, qui ne semblent respirer que pour la vertu : un front serein n'appartient qu'au calme de l'ame, et ce calme est incompatible avec le crime ou avec les mouvemens tumulteux qu'excitent en nous le jeu et ses funestes suites.

Faut-il encore des preuves ? Voyez dans ce tribunal ce juge éclairé : son œil scrutateur semble interroger les plus secrètes pensées de l'accusé ; il a déjà pressenti le coupable avant de l'avoir questionné, ou bien il a déjà entendu le langage muet de l'innocence.

Mais à quoi sert d'accumuler plus de preuves? Tout le monde est convaincu de l'existence de cette physiognomie naturelle; les détracteurs de Lavater, même, en conviennent, mais c'est aux règles et aux préceptes apparemment qu'ils en veulent. Si cela est, ils doivent cesser de combattre; car que peuvent leurs armes contre l'instinct de la nature, guidé par l'expérience?

Les antagonistes de la physiognomie ne cessent de répéter : n'est-il pas ridicule de prétendre juger un homme sur la forme et la grandeur de son nez, ou bien sur la couleur de ses yeux.....? Si, en effet, on prétendoit juger un homme sur la forme et la grandeur de son nez seul, ou que l'on se bornât à la couleur des yeux, les reproches des critiques seroient fondés ? Mais où ont-ils vu que le vrai physionomiste agisse ainsi ? Seroit-ce dans Lavater ? Ne savent-ils pas que cet homme célèbre ne cesse de répéter que tous les traits extérieurs de l'homme étant en harmonie, et concourant à former un ensemble *homogène*, il faut examiner les rapports qui existent entre eux ; que le langage des yeux doit aider à déchiffrer celui de la bouche, du front, etc., et qu'il faut surtout examiner l'impression que produit sur nous la première vue d'un visage, avant d'analyser les traits qui le composent ? Lavater semble, il est vrai, avoir donné prise à la critique, en analysant des traits séparés ; mais on peut le justifier en le comparant au maître de dessin qui fait faire des nez et des yeux à ses écoliers avant de leur donner à dessiner une tête entière : s'ensuit-il que dans la suite, pour faire un portrait, ils se borneront à dessiner un nez ou un œil, en négligeant toutes les autres parties de la face? Non certainement. Eh bien! le vrai physionomiste agit de même, parce qu'il sait que les divers traits du visage doivent tous exprimer le même caractère, et que s'il en négligeoit un seul, la connoissance de l'expression d'une physionomie seroit incomplète et tout-à-fait incertaine s'il se bornoit à un seul trait.

Je ne prétends pas justifier Lavater du reproche d'enthousiasme qu'on lui a fait; je conviens qu'il semble accorder trop de confiance à l'expression physionomique des oreilles, des dents, des mains, etc.; mais Lavater, moins téméraire et plus froid, n'eût point pénétré si avant dans les secrets de la nature. Les vérités qu'il nous a révélées, méritent bien quelque indulgence en faveur des assertions qui pourront être hasardées. D'ailleurs, parce qu'il y a des abus dans une science, faut-il l'anéantir ?

REMARQUES

SUR

L'ÉTUDE DE LA PHYSIOGNOMIE.

Le tact physionomique s'acquiert par le travail, l'habitude et la réflexion; il suppose néanmoins dans celui qui en est pourvu beaucoup d'intelligence, un jugement sûr et de la précision dans les idées; et cependant, malgré ces qualités, il est souvent exposé à se méprendre.

Voici quelques-uns des moyens que l'on doit employer pour parvenir à la connoissance des hommes.

Étudiez avec soin la première impression que fait sur vous un individu quelconque; abandonnez-vous à cette impulsion, elle ne vous trompera jamais; l'instinct naturel sera votre guide : ce n'est pas, cependant, qu'il faille négliger les recherches; mais si elles s'accordent avec cette impression, suivez-la sans crainte; mais prenez bien garde de prendre pour caractéristique ce qui ne l'est pas : tels sont les changemens produits par une maladie ; telle est encore cette laideur qui n'est pas celle du vice.

Observez quels sont les traits qui produisent cette impression; quelle qu'elle soit, saisissez-en le caractère précis; que la signification de l'un de ces traits vous aide à connoître celle de l'autre ; car souvenez-vous que la nature, fidèle aux lois de l'harmonie, a formé tous les traits du du visage de chaque individu l'un pour l'autre, c'est-à-dire, que vous ne trouverez jamais le nez d'un sot avec un front qui décèle le génie, ou des yeux timides avec les signes caractéristiques du courage.

On peut diviser en deux classes principales les physionomies : les unes nous frappent au premier coup d'œil, ou par des traits tellement saillans et si fortement prononcés, ou par une impression si naturelle et si ouverte que l'on ne peut s'y méprendre, et qu'à la première vue, leur ame nous sera connue : tels sont ces caractères noirs dont tous les traits offrent l'empreinte du crime et de la bassesse, ou ces physionomies franches et ouvertes dont la première vue nous inspire la confiance. A la seconde classe, et c'est la plus nombreuse, on peut rapporter ces physiono-

mies dont les traits moins saillans n'offrant, au premier coup d'œil, aucun caractère principal, exigent, pour ainsi dire, une méthode analytique.

A cette classe appartiennent la plupart des physionomies de femmes et celles des enfans : c'est la partie la plus difficile de l'art physionomique. Lorsque le sourire naïf d'une jeune beauté nous enchante, lorsque ses yeux, sa bouche, tous ses traits, parfaitement d'accord, nous offrent l'image de la franchise, de l'innocence, alors on peut lui supposer ces qualités ; mais si ce sourire a quelque chose de contraint, de forcé ; si quelques-uns de ces traits, présentant, pour ainsi dire, une dissonance d'expression, annoncent un sentiment secret qu'elle cherche en vain à cacher, le charme cesse, et un sentiment indéfinissable semble retenir notre estime et notre confiance. Mais qu'elle est grande la difficulté de saisir ces délicates nuances ! et le physionomiste doit cependant les comparer et les apprécier.

Que la forme générale de la tête fixe d'abord votre attention ; passant ensuite à l'examen de chaque trait, observez le front, les sourcils, la bouche, le menton ; remarquez particulièrement le passage du front au nez, et du nez à la bouche ; mais arrêtez-vous surtout à la ligne que décrit la paupière supérieure sur la prunelle, et à la fente de la bouche : suivant Lavater, ces deux traits sont d'une expression infinie, et suffiroient même pour déchiffrer les qualités intellectuelles d'un individu.

Souvenez-vous qu'il est des instans où l'homme se montre tel qu'il est ; une rencontre imprévue, un mouvement de colère, de pitié, de tendresse suffit quelquefois pour faire juger de son caractère.

Gardez-vous de confondre l'expression de certains mouvemens de l'ame; il est des personnes dont la figure porte l'empreinte habituelle de la mauvaise humeur, et cependant leur cœur n'est pas mauvais.

L'influence des passions de l'ame sur les traits extérieurs, vous offrira une vaste carrière : l'envie, la jalousie, la colère, toutes les passions y impriment à la longue des traces ineffaçables.

Enfin, la démarche, la voix, le style, la manière même de s'habiller fournira à l'observateur des remarques sûres.

Vous comparerez les caractères les plus opposés, et vous observerez les traits qui les distinguent.

Enfin, rappelez-vous les personnes dont vous connoissez parfaitement le caractère, imprimez dans votre mémoire les traits qui les caractérisent; et, lorsque vous verrez une physionomie étrangère que vous voudrez analyser, examinez si aucun de ses traits ne se rapporte à ceux dont vous connoissez déjà la signification.

Les parties solides de la tête doivent particulièrement exciter votre attention; leur forme, leur grandeur, leur position, respectivement les unes aux autres, peuvent servir de base à des principes généraux que l'expérience la plus sévère a confirmés. Mais ne croyez pas que l'expression de certaines qualités morales et de certains vices, telles que la franchise, la probité, la mauvaise foi, l'hypocrisie, etc., appartiennent aux parties solides : ce sont les muscles du visage qu'il faut consulter. Il semble que ces qualités ne soient que secondaires, et relatives à l'éducation que l'on a reçue, au lieu que le génie, la force d'esprit, l'énergie, la foiblesse et l'imbécillité, qui dépendent de la forme de la charpente osseuse, sont innées dans l'homme (je ne parle pas ici des altérations organiques du cerveau, suite de quelque maladie ou de la vieillesse). Il seroit bien utile de déterminer d'une manière précise l'influence des qualités innées sur celles qui sont le fruit de l'éducation. On peut remarquer cette influence chez les êtres vicieux dont l'organisation osseuse annonce le caractère particulier de leurs vices et leur degré d'énergie. Un grand scélérat, dont le caractère offriroit un mélange singulier d'audace et de courage, différera toujours de l'obscur intrigant ou du vil escroc : chez le premier, cette organisation dénotera ce courage, cette énergie ; chez le second, au contraire, tout décèlera la bassesse.

L'éducation ne peut influer sur les formes osseuses, ou du moins en varier les progressions naturelles, puisque le génie ou l'énergie n'en peut être le résultat ; elle pourra, à la vérité, en développer plus promptement le germe, ou en retarder le développement, et on doit lui attribuer ces anomalies frappantes qui se rencontrent dans le caractère de quelques hommes : au printems de leur vie, ils sembloient doués de toutes les vertus ; mais, à peine affranchis de toute contrainte, ils se sont livrés, par foiblesse, au torrent de la dissipation, au vice même;

rien ne les a retenus. D'autres, dans leur jeunesse, paroissoient dénués de ce feu créateur qui vivifie tout : une circonstance, un instant a suffi pour allumer en eux l'éclair du génie, et les plus brillantes productions en ont été le fruit.

Ah ! qu'il seroit utile le tableau fidèle des altérations progressives que produit le crime sur une physionomie ! ne seroit-il pas capable de retenir ceux qui auroient la foiblesse de s'y laisser entraîner ?

Nous allons tâcher de faire connoître les rapports particuliers qui existent entre les formes extérieures et les habitudes de l'ame, mais auparavant, que l'on me permette une réflexion sur la physiognomie. Il seroit bien à desirer qu'un homme vraiment instruit, inaccessible aux préjugés, et particulièrement à cette espèce d'enthousiasme qui a égaré tant d'observateurs, entreprît de fixer les véritables bornes de cette science, de la dépouiller de tout ce qu'elle a d'incertain; en un mot, de la baser sur les règles de la saine physique : on ne confondroit plus cette science, alors si belle et si utile, avec ces systèmes crânologiques, ou avec cette ancienne physiognomie que *Porta*, entr'autres, nous a transmise; on ne tenteroit même plus d'en faire le rapprochement : car peut-il en exister entre l'erreur et la vérité ?

PLANCHE N° I.

Fig. 1 et 2. Un visage dont la partie inférieure, ou celle du milieu, est égale en longueur aux deux autres jointes ensemble, annonce la stupidité.

Fig 3. Front d'un imbécile; un front proéminent, tel que celui d'un enfant, annonce toujours un esprit foible.

Fig. 4. Comble de la stupidité.

Fig. 5. Un tel front annonce un jugement exquis, un cœur froid, et cependant irritable; il caractérise souvent le mélancolique.

Fig. 6. Esprit profond, froid et réfléchi.

Fig. 7. Un front ridé obliquement décèle un caractère soupçonneux et dénué d'esprit.

Fig. 8. Caractère foible, dénué de talens, qui veut cependant se donner un air d'importance.

Fig. 9. Lorsque le front est sillonné de plis confus, entrecoupés et très-saillans; caractère brouillon, colère, difficile à manier.

Fig. 10. Des yeux dont la paupière supérieure coupe diamétralement la prunelle, annoncent un esprit fin, rusé et adroit.

Pl. 1.

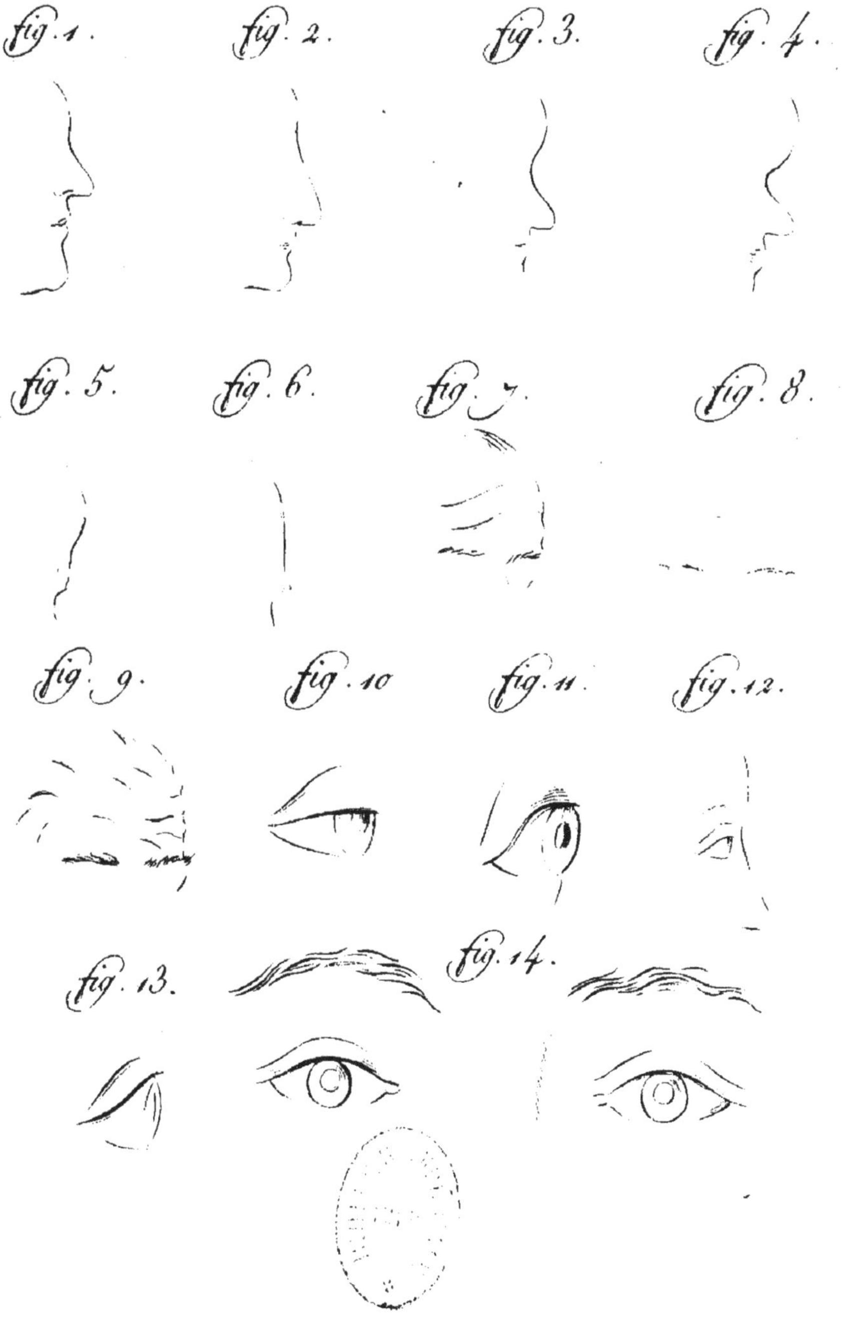

fig. 1. fig. 2. fig. 3. fig. 4.

fig. 5. fig. 6. fig. 7. fig. 8.

fig. 9. fig. 10 fig. 11. fig. 12.

fig. 13. fig. 14.

Fig. 11. Yeux colériques : les paupières sont reculées, échancrées ; le globe de l'œil est fort saillant.

Fig. 12. Lorsque les yeux, vus de profil, semblent presque de niveau avec la racine du nez, sans cependant être saillans, ils annoncent toujours une organisation foible, et quelquefois une espèce d'imbécillité.

Fig. 13. Des yeux qui laissent voir la prunelle tout entière, caractérisent cette espèce d'hommes inquiets, qui, dénués de toute énergie réfléchie, n'agissent que par caprice.

Fig. 14. Des yeux distans entre eux de plus de la largeur d'un œil, annoncent la stupidité ; à la vérité, cette conformation est souvent un signe de longévité, probablement parce qu'elle indique la force corporelle ; les animaux les plus forts, tels que le taureau, ont les yeux ainsi disposés.

Fig. 15. De tels sourcils annoncent une vivacité intraitable.

N° II.

Fig. 16. Un nez qui penche considérablement vers la bouche, indique le plus souvent un esprit froid et réservé; un tel nez caractérise quelquefois l'avare, surtout lorsqu'il est courbé à sa racine.

Fig. 17. Cette espèce de nez, d'une forme irrégulière, concave au milieu, et dont les contours sont anguleux, appartient rarement à des personnes d'un caractère noble et grand; il est plutôt le partage d'un esprit grossier.

Fig. 18. Un nez sans aucune inflexion bien prononcée, semblable à une masse de chair, n'appartiendra jamais à un homme d'un génie supérieur.

Fig. 19. Un nez, dont les côtés sont sillonnés de rides obliques et mobiles, est souvent l'indice d'un esprit opiniâtre, lourd et malicieux.

Fig. 20. Un nez fort retroussé, très-distant de la bouche, n'appartiendra jamais à la tête d'un grand homme.

Fig. 21. Grossièreté, avarice.

Fig. 22. Froide politesse, ruse, avarice sordide.

Fig 23. Caractère méprisant.

Fig. 24. Exactitude, esprit d'ordre, froideur.

Fig. 25. Froide bonhomie.

Fig. 26. Bonté.

Pl. 2

fig. 15.

fig. 16.

fig. 17.

fig. 18.

fig. 19.

fig. 20.

fig. 21.

fig 22

fig 23

fig. 24.

fig 25

fig. 26.

N° 3

N° III.

Il est de ces visages dont tous les traits concourent à former un ensemble désagréable ; nul détail ne rachète le peu de beauté de l'ensemble : telle est la physionomie n° III. Des yeux petits, ronds et saillans ; un front étroit et arrondi ; un nez court, à la racine duquel se trouve une cavité trop profonde, permettent de conclure qu'une semblable physionomie annonce un esprit étroit, un caractère enclin à l'avarice : je ne dirai pas l'égoïsme, car ce vice affreux suppose une ame insensible ; et, quoique cette bouche n'offre rien de gracieux, et qu'au contraire elle porte l'empreinte de la sécheresse, on ne peut supposer gratuitement un mauvais cœur ; mais il est certain qu'avec un tel visage on ne fera jamais rien de grand et de sublime.

N° IV.

Un caractère réfléchi et même profond, un esprit spirituel et original, voilà ce que l'on ne peut refuser à cette physionomie ; l'espèce de trait longitudinal qui se trouve au bas du front, entre les yeux, annonce, dit-on, des qualités supérieures ; mais un indice plus sûr est la forme du front parfaitement bien voûté, et la proéminence des os des yeux, indices de la réflexion : l'inflexion légère qui est à l'extrémité du nez annonce de la finesse ; mais cette expression est rendue plus sensible, et semble même appartenir à la causticité par cette bouche en demi-cercle dont la lèvre inférieure se creuse au milieu et sur laquelle le nez s'abaisse un peu.

N.° 4

N° 5.

N° V.

La plus tendre piété, la plus douce résignation règne sur cette heureuse physionomie; aucune vertu ne lui sera étrangère : elle annonce de l'esprit naturel, mais beaucoup moins d'énergie et encore plus de douceur que celui du n° XII. La dissimulation et la fausseté lui seront toujours étrangères; elle préférera l'étude et les plaisirs qu'elle goûte dans un asile solitaire, aux vaines distractions des grandes villes, ou au manége de la coquetterie. Elle pourra partager un amour tendre et délicat, mais son penchant la portera peut-être vers la tranquillité de la vie religieuse.

Incrédules, comparez cette physionomie à celle du n° VIII, et voyez à laquelle des deux vous voudriez confier votre bonheur.

N° VI.

Un visage peut être régulier et cependant inspirer de l'éloignement; la physionomie n° VI est de ce genre; la dureté se peint dans tous ses traits : il seroit difficile de lui refuser de l'esprit, et même une certaine grandeur incompatible avec la bassesse ; mais jamais on ne lui accordera ces sentimens délicats qui font le charme d'une ame sensible : étrangère aux douces émotions de la tendresse et de la pitié, rarement un sourire paroîtra sur ses lèvres : ce visage semble plutôt fait pour les passions violentes, telles que la haine et la colère ; cependant il annonce un caractère énergique, qui saura soutenir le poids du malheur avec fermeté.

N° VII.

N° 6

N°. 7

N° VII.

Le tempérament flegmatique s'annonce par des contours charnus et arrondis, des sourcils minces, un tein blanc, des cheveux blonds; des formes osseuses peu apparentes; des yeux assez distans l'un de l'autre, et souvent bleus : ces signes caractéristiques sont peut-être moins distincts chez les femmes, parce que le sexe entier, par des formes plus arrondies et par un tein plus blanc, se rapproche davantage de ce tempérament que la plupart des hommes. Quoi qu'il en soit, on reconnoîtra facilement des indices de flegme dans la figure que présente la planche n° VII. Une telle physionomie annonce une femme appliquée à ses devoirs, bonne ménagère, économe quelquefois jusqu'à la parcimonie ; mais elle rachètera ce léger défaut par des qualités bien essentielles, telles que l'éloignement qu'elle a pour les paroles inutiles. Quant à son cœur, il est bon, compatissant, mais froid. Cette bouche bien close, caractérise particulièrement une femme amie de l'ordre, de la propreté et de l'économie ; mais si ses lèvres étoient plus prononcées, plus rognées, alors on pourroit l'accuser d'avarice ; le front assez bien voûté vers son sommet, mais descendant en ligne presque droite, diffère de celui du vrai flegmatique qui est arrondi ; mais il dénote cependant un caractère froid. Une telle physionomie semble appartenir à une Hollandaise.

N° 8

N° VIII.

On trouve le passage suivant dans le grand ouvrage de *Lavater* (1) :

« Si la largeur de la tête excède de sa » longueur, alors un contour dur, roide, » angulaire, annonce inflexibilité redoutable, » accompagnée de la plus noire méchan- » ceté. »

Il seroit bien malheureux que cette assertion, trop générale, fût toujours justifiée par l'observation ; mais il est au moins certain que, lorsqu'outre cette conformation, les traits du visage portent l'empreinte non équivoque de la méchanceté, on peut la supposer. De cette espèce est la physionomie n° VIII ; les contours de cette

---

(1) Essais Physiognomoniques, 4 vol. gr. *in*-4°.

tête sont effectivement durs et roides, sa largeur excède sa longueur; mais si on remarque les plis que forme l'œil, la forme de la bouche et surtout celle de la narine, on n'hésitera pas à lui attribuer un caractère dur, méchant, dédaigneux, rempli d'amour-propre et d'une obstination invincible.

Un nez pointu et penché vers la bouche, s'accorde parfaitement avec cette espèce de physionomie; mais le trait qui la caractérise le plus particulièrement est la contraction de la narine qui s'élève vers le haut, indice certain d'un caractère méprisant, surtout lorsque les coins de la bouche sont abaissés et la lèvre supérieure avancée en saillie.

Il ne faut pas confondre avec cette empreinte habituelle l'expression momentanée du mépris, sur une physionomie heureuse,

N.° 9

N° IX.

Ingénuité, confiance et franchise, sont les caractères principaux de cette physionomie; le front tient encore trop de l'enfance pour annoncer des qualités supérieures; mais le reste du visage, particnlièrement le menton, promet une énergie qui se développera avec l'âge.

L'ensemble de ces traits, le front à part, annonce une douce vivacité et un certain esprit naturel.

N° X.

Il n'est pas nécessaire d'être physionomiste pour remarquer que le tempérament mélancolique domine sur ce visage ; la forme alongée de cette tête, ces yeux enfoncés, ce nez rabaissé l'indiqueroient suffisamment ; on peut ajouter un teint pâle et un front sillonné.

Cette physionomie n'offre qu'un ensemble désagréable ; aucun de ces traits ne rappelle la bonté : cette bouche, dont la direction est oblique, décèle un caractère acariâtre ; l'ensemble de ces traits dénote une humeur noire qui se manifeste bien visiblement au dehors ; on y remarque aussi une fermeté qui peut dégénérer en opiniâtreté.

N.° 10

N°. 11

N° XI.

Il est de ces visages qui, quoique assez réguliers, n'offrent rien de grand ni de vraiment distingué; de telles physionomies semblent ne pouvoir être affectées par les jouissances délicates, ni par ces sentimens sublimes que peut éprouver une ame vraiment grande, animée par l'amour de la vertu.

Mais si beaucoup de sensations sont étrangères à ce genre de physionomie, en revanche, l'expression des passions dont elles sont susceptibles est portée au plus haut degré de véhémence, ou plutôt de volubilité de langue, car elles les exprimeront par des torrens de paroles.

La physionomie n° XI est évidemment de cette espèce; on ne peut cependant lui refuser de l'esprit, de la vivacité et une certaine bonté; mais le peu de proéminence de l'os de l'œil annonce que ce caractère n'est nullement fait pour la réflexion; on lui reprochera aussi l'entêtement.

Comme le meilleur moyen de faire de grands progrès en physiognomie, est de comparer et rapprocher les extrêmes, que l'on compare trait à trait cette physionomie avec la suivante, on sera frappé de leur différence.

N°. 12

N° XII.

Lorsqu'à ce style grand et noble, qui caractérise particulièrement les têtes grecques, se joint cette sérénité d'une belle ame, alors, sur ces seuls indices, on pourroit juger favorablement; en effet, le vicieux sauroit-il imiter le calme de la vertu, lorsque son ame est déchirée par les remords? sauroit-il affecter la sensibilité, lorsque son cœur est froid? Non certainement, et l'observateur attentif ne s'y méprendra pas.

Grandeur d'ame, bonté, douceur et sensibilité, voilà ce qu'indique cette physionomie. Lorsque l'ensemble du visage est parfaitement régulier, c'est-à-dire qu'il se divise en trois parties égales, le front, le nez et la partie inférieure, et que le nez, n'ayant point une cavité trop profonde à sa naissance, offre une inflexion légère à son extrémité; alors, dis-je, si les autres traits ne présentent rien de contradictoire, on peut compter sur un caractère incapable d'une bassesse.

Cette bouche porte l'empreinte d'une bonté compatissante, et le menton annonce de l'énergie.

N.° 13

N° XIII.

On remarque dans l'assemblage de ces traits un caractère mâle et énergique très-prononcé ; des sourcils horizontaux , un menton saillant, des yeux noirs, annoncent cette force intérieure; le nez , dont les narines sont médiocrement dilatées , dénote, ainsi que la bouche, la prudence. En vain chercheroit-on sur cette physionomie quelque côté foible; la forme du front est parfaite, et les os des yeux bien distincts annoncent un esprit réfléchi. Une règle générale en physiognomie est que *lorsqu'un trait principal est caractéristique, ceux qui en dépendent le sont aussi;* tous les traits du visage concourent donc à former un ensemble homogène : cette physionomie le prouve; ce nez, dont l'épine est large et les côtés parallèles, doit nécessairement s'associer avec un front bien voûté, aussi promet-il des qualités supérieures; mais cette forme est très-rare, surtout parmi les femmes.

N°. 14

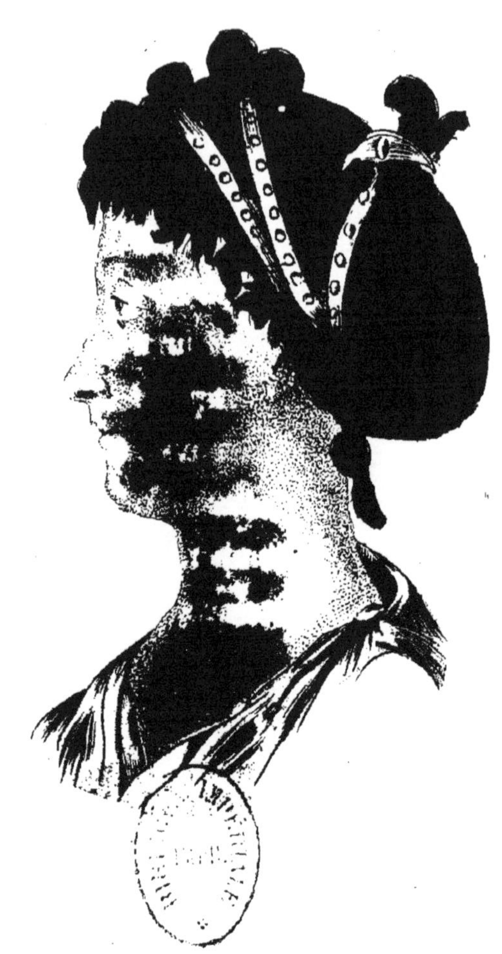

N° XIV.

L'homme le moins connoisseur en physionomie ne supposera certainement pas à la figure du n° XXIV de l'énergie et de l'activité ; mais on s'accordera à lui attribuer beaucoup de sensibilité, de douceur et de docilité : effectivement, ce menton reculé indique toujours un caractère dénué de force, surtout lorsque le profil du nez est concave. Cette physionomie annonce beaucoup de penchant pour les passions tendres ; mais le tempérament flegmatique-mélancolique y domine plus que dans celle du n° XXVII.

N° XV.

Savante qui pense profondément, examine en détail, discute, pèse et n'admet rien sans l'avoir préalablement soumis aux lumières de sa raison; beaucoup de pénétration, mais un caractère obstiné et réservé; voilà ce qu'annonce cette espèce de physionomie, qui, très-rare parmi les femmes, mérite, par le contour et la position du front, de faire exception à cette règle générale: *L'analyse exacte et mathematique n'est point du ressort des femmes; la raison et le sentiment, voilà leur partage.*

N°. 15

N°. 16

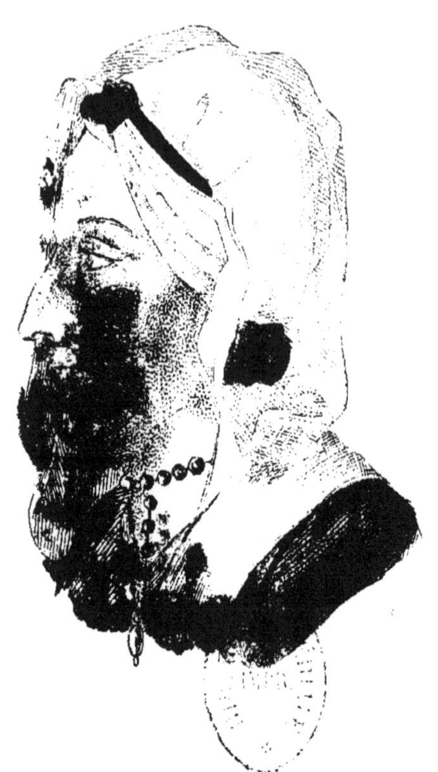

N° XVI.

Cette physionomie annonce un caractère distingué, capable d'exécuter de grandes choses; il suffit d'examiner le nez et l'œil pour en être convaincu : ce visage porte l'empreinte de la grandeur; le noble calme qui réside sur ces traits, et ce regard pénétrant, indiquent une rare habileté, ainsi qu'une prudence consommée.

Il seroit impossible qu'une femme, avec de semblables traits, fût un être vulgaire et borné; il se pourroit bien cependant qu'un être borné eût quelques traits de ressemblance avec cette figure : ceci semblera un paradoxe; mais si l'on observe que certaines personnes peuvent se ressembler un peu, quoique leurs caractères soient différens; si l'on fait attention que, dans la physiognomie, l'inflexion du nez moins sensible, un front plus arrondi, suffisent quelquefois pour changer absolument un caractère, quoique la ressemblance existe toujours, on ne sera plus étonné de cette assertion.

C'est ici le lieu d'observer qu'il existe dans la nature, diverses espèces de ressemblances qu'il ne faut pas confondre : on voit des frères dont les caractères sont différens ; leurs traits n'ont entre eux aucun rapport particulier de forme, et cependant il existe sur leurs physionomies un certain rapprochement, ou plutôt un air de famille, que l'on ne peut définir.

Chez d'autres, au contraire, cette ressemblance est produite par la conformité d'humeur et de caractère : tel colérique ressemblera à un autre, parce que, chez tous les deux, l'habitude de la colère a modifié leur physionomie de la même manière, quoiqu'au fond leurs traits soient dissemblables.

N° XVII.

Un caractère à la fois violent et réfléchi, ombrageux, jaloux et dissimulé, est empreint sur cette physionomie, qui décèle aussi une femme vindicative, altière et soupçonneuse; la prudence sera cependant une de ses qualités, et on ne peut lui refuser de l'esprit. La position du front couché en arrière caractérise particulièrement un caractère emporté, et sa hauteur désigne un naturel capricieux.

Les verrues que l'on remarque sur les joues et sur le menton de ce visage annonceroient, suivant quelques physionomistes, un tempérament sanguin et porté à l'amour; mais cet indice semble bien équivoque.

N.° 17

N°. 18

N° XVIII.

Bonté, contentement, innocence, sont les caractères que nous offre cette physionomie; un heureux mélange du tempérament flegmatique-sanguin brille sur ce visage. Cette jeune fille a un caractère bon, naïf; les plaisirs simples lui suffiront; la parure ne lui siéroit pas, de simples habits de villageoise lui conviendront bien mieux; le moindre chagrin fera couler ses larmes, mais aussi un instant suffira pour la consoler, et souvent même elles ne seront pas taries que le sourire paroîtra sur ses lèvres. Ces traits n'annoncent pas, il est vrai, de grands talens; les yeux trop éloignés l'un de l'autre, indiquent plutôt une constitution qui lui promet de longs jours.

N° XIX.

Ce caractère porte l'empreinte d'une douce mélancolie; porté à la réflexion, il saura se suffire à lui-même, et trouver dans la solitude des ressources contre l'ennui: la bouche, et en particulier la forme des lèvres, indiquent un goût épuré, et même elle semble caractériser le génie poétique. Ce front est d'une forme heureuse, mais c'est principalement la saillie de l'os de l'œil qui caractérise les êtres doués de la faculté de penser profondément.

L'ensemble de ces traits dénote une ame grande et noble; mais la longueur du cou pourroit bien désigner un caractère un peu indolent.

Cette physionomie semble appartenir à une Anglaise.

N° 19

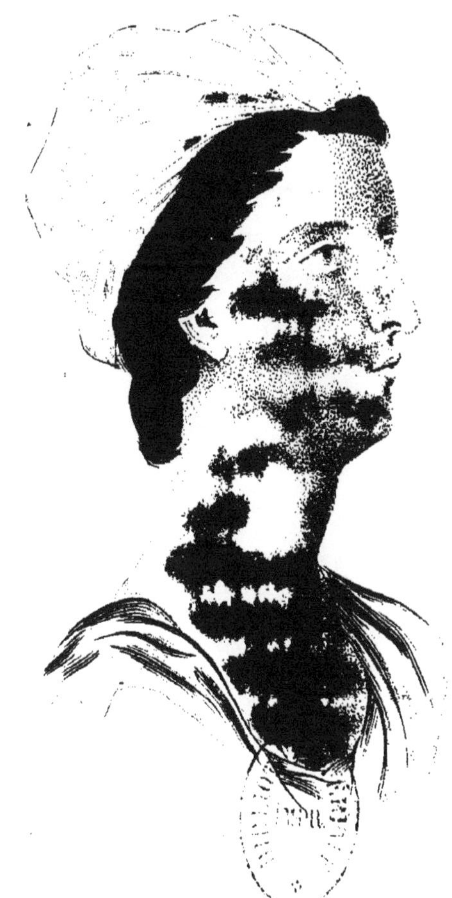

N°. 20

N° XX.

Ce visage porte le caractère de la froideur et de la fierté ; cependant il annonce de grandes qualités, telles que la générosité, la grandeur d'ame et la bonté : tous ses traits, et particulièrement le nez, le menton et la bouche, annoncent beaucoup d'énergie : le nez, en particulier, promet de l'esprit et de la finesse.

Au premier coup d'œil, on croira apercevoir sur ce visage une légère trace d'insouciance ; mais on doit plutôt attribuer cette expression à l'empreinte de cette fierté qui semble ne rien craindre, ou à un esprit philosophique dont cette physionomie offre une légère nuance.

N° XXI.

Affectation, prétention, vanité, malice, tel est le caractère de cette physionomie; une bouche dont les lèvres sont minces et serrées, la fente droite et les extrémités relevées, est l'indice certain d'un amour-propre qui a dégénéré en affectation: un nez pincé et des narines étroites, qui, par leur contraction, expriment souvent le mépris, appartiennent ordinairement à ces sortes de visages; le front indique, à la vérité, un certain esprit, mais il est loin de dénoter le génie.

N° 21

N° 22

N° XXII.

Il existe une bien grande différence entre les traits d'une coquette et ceux d'une femme modeste et réservée; on ne trouve point dans les premiers ce calme et cette simplicité qui caractérisent particulièrement la physionomie n° XII, ou cette naïveté qu'annonce celle n° IV; au contraire, on remarque l'affectation et le desir de plaire, dans tous leurs mouvemens; cet air léger, ce sourire, rien n'est plus naturel.

Il seroit difficile d'assigner à la coquetterie des caractères physionomiques positifs et particuliers; mais il est certain qu'une femme d'un esprit inconstant et frivole, avec quelques attraits et beaucoup d'amour-propre, est naturellement portée à la coquetterie; or, ce genre de physionomie exclut en général les formes trop prononcées.

N° XXIII.

Il est de ces physionomies qui portent le caractère irrécusable de la bonhomie ; que ne sont-elles plus nombreuses ! La figure n° XXIII est de ce genre ; de la bonté mêlée de brusquerie, beaucoup de franchise et de gaîté forment le fond de ce caractère, auquel d'ailleurs l'observateur accordera de l'esprit naturel.

On n'aperçoit sur ce visage aucune trace d'avarice ; au contraire, il annonce plutôt un cœur généreux et compatissant ; la hauteur du front désigne un caractère capricieux et entêté, défaut qui rendra presque nulle l'énergie qu'indique la forme du nez. Cette lèvre inférieure qui avance, caractérise particulièrement la bonhomie.

N° 23

N° 24

N° XXIV.

Déterminer ce qu'on pourra faire avec un tel visage, n'est pas facile; mais il est aisé de deviner ce qu'on ne fera jamais, c'est-à-dire rien de véritablement grand. Cette physionomie n'est pas méchante, à la vérité, mais assurément elle n'a ni force ni grandeur: quand le visage est enclin à prendre cette position, on est rarement capable d'une grande action. — Le contour du front indique plutôt de l'esprit que de la bêtise; le même caractère se retrouve dans le nez et dans l'œil, mais seulement quand on les considère séparément. L'expression de sa bouche, le passage du front au nez, et en général cet air de langueur et d'abandon ne promettent point beaucoup de sagesse. Avec un visage pareil, on ne pourra captiver que des ames foibles, et l'on ne résistera que par caprice ou par feinte. (*Lavater.*)

N° XXV. (V. le Frontispice.)

Cette physionomie plaira et se fera aimer, les contours en sont gracieux et arrondis ; moins languissante que les nos XIV et XXVII, cette femme promet une grande droiture de sens et une fidélité à toute épreuve. Elle écoute avec simplicité, sans finesse et sans malice ; elle s'abandonne tranquillement aux idées agréables qui l'occupent, et elle y réfléchit à son aise. L'attitude est aussi celle de l'amour attentif qui ne connoît ni projets ni intrigue, et que rien au monde ne peut détourner de son attachement. (*Lavater.*)

N° 25.

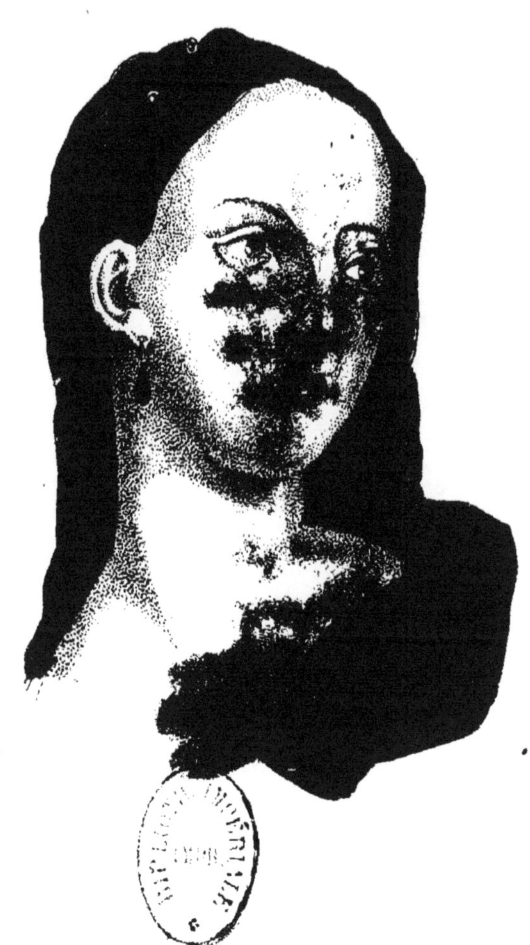

No. 26

N° XXVI.

O vil amour de l'or ! que tu es odieux lorsque tu fais naître l'égoïsme et l'insensibilité ! ce sont cependant tes attributs ordinaires.

Est-il donc des physionomies consacrées à l'avarice, ou plutôt est-ce ce vice qui dégrade à un tel point le visage humain ? On peut, quoi qu'il en soit, remarquer qu'il est peu de physionomies aussi caractéristiques que celle d'un avare : des yeux petits, enfoncés, un nez souvent pointu, une bouche renfoncée dont la fente est droite, des lèvres minces, serrées et fortement prononcées, un menton pointu. Ce n'est pas que ces traits se trouvent réunis chez tous les avares, mais on trouvera toujours empreint sur leur physionomie un caractère de petitesse et de minutie qui exclut absolument la grandeur d'ame et la noblesse de sentiment.

N° XXVII.

Le tempérament sanguin, mêlé d'une légère teinte de flegme, domine sur cette physionomie, où l'on observe de la bonté et une sensibilité excessive : l'ensemble de ces traits annonce un cœur porté à la tendresse et un caractère dénué de force pour résister à cette impulsion : tout, sur ce visage, annonce la mollesse ; mais si aucun de ces traits n'indique l'énergie, ils promettent beaucoup de docilité, de douceur et d'aménité.

N° 27

N°. 28

N° XXVIII.

De la vivacité, de la bonté, un caractère spirituel, mais peu réfléchi et par conséquent imprudent, un esprit léger; tels sont les attributs de cette physionomie : on peut y joindre la douceur qui est indiquée par ces contours arrondis. Cette lèvre supérieure qui s'avance, et surtout la manière dont elle se joint avec le nez, annonce de la bonhomie. Les sourcils et le passage du nez au front ne dénotent nullement un caractère porté à la réflexion, et la longueur de l'espace qui sépare le nez de la bouche est loin de promettre de la prudence.

N° XXIX.

Dans son dernier ouvrage (1), *Lavater* s'exprime ainsi sur le genre de physionomie qu'offre la planche n° XXIX :

« Une femme avec la racine du nez fort » enfoncée, beaucoup de gorge, la dent » canine un peu saillante, quelque laide » qu'elle soit, quelque peu de charmes » qu'elle ait d'ailleurs, n'en aura pas » moins, pour le vulgaire des libertins, » des hommes voluptueux, un attrait plus

---

(1) En voici le titre :

Règles physiognomiques, ou observations sur quelques traits caractéristiques ; par J. G. Lavavater, etc.

Il est difficile de retrouver Lavater dans cet ouvrage, plein d'opinions hasardées et de paradoxes tranchans.

N° 29

» facile, plus certain, plus irrésistible » qu'une femme vraiment belle. Les plus » dangereuses prostituées que l'on voit » paroître devant les tribunaux, se dis- » tinguent toutes à ce caractère.

» Fuyez comme la peste les femmes que » la nature aura marquées de pareils traits, » et ne formez avec elles aucune liaision » sérieuse, quand même elles jouiroient » de la réputation la plus intacte. »

Si la science physionomique n'étoit fondée que sur de pareilles bases, il faudroit brûler tous les livres qui en traitent. Quels désordres naîtraient dans la société, si des règles aussi dénuées de fondement étoient adoptées? Et que deviendroient les innocentes victimes de ces jugemens précipités? Haïes, méprisées, rejetées de son sein, elles devroient effectivement se livrer au désordre et même au crime.

Voici ce que l'on peut prononcer de positif sur cette physionomie :

Un nez, à la racine duquel se trouve une trop grande cavité, contribue à donner à la physionomie d'une femme un air commun : des dents canines fort saillantes supposent toujours une bouche avancée, et de tels indices dénotent un caractère hargneux et de la causticité sans esprit ; l'ensemble de ces traits ne promet aucune énergie réfléchie.

N° 30

N° XXX.

Un caractère violent, emporté, irréfléch , est empreint sur cette physionomie ; ce front couché en arrière, ces yeux noirs appartiennent à un caractère fougueux ; mais c'est l'œil surtout, et en particulier la forme de la paupière supérieure, qui le décèlent aux yeux du physionomiste. C'est le défaut de saillie de l'os de l'œil qui dénote un naturel peu fait pour la réflexion ; cependant l'ensemble de ces traits, et particulièrement le menton, annoncent beaucoup d'énergie.

On retrouve plus rarement chez les femmes que chez les hommes ce genre de physionomie ; un caractère à la fois fougueux et énergique semble plutot appartenir à ces derniers : les passions douces sont en général le partage du beau sexe ; aussi leurs traits délicats et moins prononcés semblent incompatibles avec l'expression des passions violentes. Il existe le même rapport, a dit un auteur, entre le visage de l'homme et celui de la femme, qu'entre l'âge viril et l'adolescence ; cette assertion, sans être fausse, manque d'exactitude ; car le visage d'une femme exprimera bien plus de choses que celui de l'adolescent ; ces sentimens délicats, cette sensibilité extrême, cette finesse d'esprit, n'est-ce pas le partage du sexe le plus foible ?

ESSAI

Sur les Moyens de procréer des Enfans d'esprit.

La variété qui règne dans les facultés morales des divers peuples de la terre, a souvent exercé la sagacité des philosophes. On attribue à diverses causes cette barbarie, ce défaut de pénétration, et l'ignorance qui en est le résultat; traits qui caractérisent la plupart des Asiatiques, des Africains et presque tous les peuples de l'Amérique. On a cherché à rattacher aux grands événemens politiques la *dégénérescence* qu'ont éprouvée les Grecs, les Romains et une grande partie des anciens peuples de l'Asie. Des ruines nous attestent encore l'existence de Sparte et d'Athènes; mais l'histoire seule nous retrace les mœurs des Athéniens et des Spartiates ; car, au lieu de ces peuples si célèbres, on ne trouve plus que des esclaves.

Les événemens politiques ont assurément influé sur ces changemens étonnans. Mais quelle en est la cause immédiate ? Consultons l'expérience des siècles passés, et elle nous dira que c'est le *défaut d'amour;* oui, c'est au sublime ascendant de ce sentiment que la Grèce dut ses grands hommes et sa splendeur passée. Les Arabes furent célèbres par leur esprit, leurs talens et leur courage, tant qu'ils n'eurent que des amantes pour épouses ; mais depuis qu'elles ne sont que des esclaves, instrumens de leurs plaisirs, il est peu de peuples plus bornés dans les facultés de l'entendement.

Essayons de dévoiler les vues sublimes de la nature : elle n'a pas voulu que notre corps concourût seul à la formation d'un être parfait ; nos facultés intellectuelles doivent aussi y coopérer, non par elles-mêmes, mais en excitant en nous une force, une énergie inconnue jusqu'alors ; c'est à l'amour que nous la devons, cette énergie, puisque lui seul a la puissance d'exciter à ce point nos facultés morales en leur donnant pour ainsi dire une vie nouvelle. C'est donc à ce sentiment précieux que nous devons nos grands hommes, c'est donc par lui que l'espèce humaine s'ennoblit. Sans l'amour l'appétit des sens seul nous dirige ; et l'homme conduit par cet instinct brutal, n'engendre que des formes matérielles et la portion d'intelligence inhérente à notre espèce.

Mais avant de le prouver par de nouveaux faits, définissons l'amour, puis nous le considérerons sous le rapport physiologique, ainsi que le tempérament le plus propre à l'éprouver dans toute sa vivacité. Ensuite l'examen des portions du globe où l'amour a le plus d'influence et celui des siècles où il régnoit en maître, nous fourniront des preuves frappantes en sa faveur.

Par amour je n'entends pas ce sentiment brusque et inconsidéré qui porte un animal vers l'être que la nature a destiné à partager ses jouissances, ni cette impétuosité brutale qui, semblable à un feu dévorant, brûle et s'éteint aussitôt que la passion est satisfaite. Non, ces passions ne méritent point le nom d'amour, elles n'appartiennent qu'aux hommes fougueux ou à ceux dont l'ame peu délicate n'est point susceptible d'un tendre sentiment.

L'amour est ce sentiment délicieux qui nous unit à celle que nous aimons. Ambition, amour des richesses, tout se tait devant lui. Les peines de l'objet chéri deviennent les nôtres :

notre ame s'identifie à la sienne. S'il se rend indigne de notre affection, nous en éprouvons une vive douleur; mais l'amour, après bien des combats, finit par s'éteindre, car un sentiment durable peut-il exister entre un homme vertueux et une femme méprisable ?

L'amour pur est la source de toutes nos vertus, et loin d'être la cause de la dépravation des mœurs, comme le prétendent de faux philosophes, c'est la digue qui arrête la corruption des hommes. Interrogeons la nature, elle nous dira qu'une ame aimante n'est point capable d'un crime : pour l'objet de ses affections elle est capable de tous les efforts ; son courage s'accroît, et il surmonte tous les obstacles : ce courage se change même en héroïsme. O divin ascendant de l'amour vertueux, lorsque tu existes dans une ame véritablement grande, de quoi n'es-tu pas capable !

J'ai dit que c'est à l'amour que nous devons nos grands hommes ; oui, deux êtres animés l'un pour l'autre de ce sentiment dans toute sa vigueur, produiront un enfant doué des plus brillantes qualités.

Combien cette théorie deviendra lumineuse lorsque, basée sur des vérités sublimes et appuyée par des faits irrécusables, elle viendra, comme la physiognomonie, aider à reconnoître l'homme !

Une partie de ces faits, nous allons les tirer de l'influence physiologique de l'amour sur tout notre être : il excite en nous une énergie et une vivacité dont jusqu'alors on ne s'étoit point cru capable ; une constance étonnante règne dans nos résolutions ; notre génie prend l'essor et s'élève, nos sentimens même s'ennoblissent ; tout notre individu moral jouit pour ainsi dire d'une vie nouvelle : l'amour augmente donc nos forces morales, ou plutôt les développe. On sait qu'il existe les rapports les plus intimes entre le cerveau et les organes de la reproduction : sans l'impulsion du premier les seconds resteroient inertes, et une excitation dans notre tête suffit pour rendre aux derniers une action puissante. Or, la disposition morale influant sur l'organisation physique des amans, l'enfant qui naîtra de ceux-ci sera doué d'un degré de vie semblable à celui qui les animoit.

Tous les tempéramens ne sont point susceptibles d'éprouver ce sentiment dans toute son étendue. Le *pituiteux*, le *mélancolique* ne peuvent le sentir qu'imparfaitement ; le *nerveux* tombe dans le délire, c'est l'extrémité opposée : le *sanguin* et le *bilieux* sont peut-être les seuls qui en conçoivent toute la dignité ; encore ce dernier, lorsque son cœur se laisse entraîner au crime, peut-il savourer les délices que la nature répand sur l'amour pur ? Un heureux mélange des tempéramens sanguins et bilieux formera le sujet le plus propre à l'amour. Ce sentiment sera d'autant plus vif, que les facultés morales de l'homme sont plus grandes, et que, par conséquent, il est plus en état d'en apprécier la sublimité. Celui qui en est pénétré ne peut donner le jour qu'à un être dont le front orné des qualités de son père, sera le miroir de ses vertus.

Cherchons actuellement parmi les habitans de la terre ceux qui sont les plus susceptibles d'un amour vif, délicat et sensible ; cet examen nous fournira des preuves. Parcourons l'Asie, et sans remonter aux temps incertains de l'antiquité, bornons-nous à visiter les sérails des grands : est-ce l'amour délicat qui guide ceux-ci, lorsque dans les bras de leurs attrayantes odalisques ils viennent chercher des jouissances ? Non certainement, ils ne connoissent qu'un instinct brutal, ils ne cherchent qu'à satisfaire leurs desirs, et rarement l'amour réciproque vient embellir leur existence. Aussi, ouvrons les annales de ces peuples, et ne soyons plus étonnés du petit nombre de grands hommes qui les illustrèrent, et si l'Orient est encore enseveli dans l'ignorance.

L'examen des autres portions du globe, l'Europe exceptée, ne fournira point des résultats plus satisfaisans ; chez la plupart de leurs habitans, les femmes ne connoissent que des tyrans, et ceux-ci ne voient en elles que des esclaves. Partout enfin les hommes, fiers de leur force, n'ont considéré les compagnes que leur a données la bienfaisante Divinité, que comme des êtres qui doivent leur être asservis : l'amour est banni de ces contrées, ou plutôt y est inconnu ; aussi leurs habitans dégénérés, quant aux facultés morales, ne jouissent que d'une petite portion d'intelligence.

L'histoire nous offre cependant des exceptions. Les contrées que nous venons de citer eurent quelques grands hommes ; mais l'amour, quoique rare, a pu y exister isolément, certains êtres heureusement organisés ont pu l'éprouver dans toute sa vivacité. Mahomet, le plus vaste génie que l'Orient ait eu, étoit un enfant de l'amour.

Reportons nos yeux sur l'Europe, puisque le vrai amour y est connu, et nous verrons que les peuples qui l'habitent sont plus ou moins renommés par leur esprit, leur courage, et leur activité, selon qu'ils sont plus ou moins susceptibles, non des plaisirs matériels de l'amour, mais des sentimens délicats qui en forment l'essence. C'est en France surtout que cet amour délicat a établi son empire, là il règne en souverain : aussi le Français est distingué des autres peuples par son esprit, sa bravoure et son activité.

Dans les siècles de la chevalerie, ce fut l'amour qui produisit les héros. Ce sentiment exaltoit l'ame des guerriers : un regard de leurs belles suffisoit pour enflammer leur courage et les rendre capables des plus nobles actions. Devenus époux, ils transmettoient leurs grandes qualités au fruit de leur tendresse. Les troubadours, célébrant l'amour dans leurs chants simples mais énergiques, contribuèrent beaucoup aux progrès de la civilisation. A l'éloge des guerriers ils joignoient souvent celui de la maîtresse de leur cœur et ils entrelaçoient ainsi les myrtes aux lauriers.

Rome lui dut aussi sa grandeur, et lorsque le peuple corrompu ne fut plus susceptible d'éprouver ce sentiment, on ne vit plus de grands hommes. Ce fut encore la même cause qui rendit Lacédémone une des villes les plus fertiles en héros. Il semble que Lycurgue ait déjà connu ce que nous essayons de prouver, lorsqu'il établit ces coutumes qui portoient la contrainte et le mystère dans la jouissance des plaisirs conjugaux. Le jeune Spartiate, après la conclusion du mariage, enlevoit secrètement son épouse, la conduisoit chez lui, puis revenoit au gymnase rejoindre ses compagnons avec lesquels il habitoit comme auparavant. Les jours suivans il fréquentoit à l'ordinaire la maison paternelle, mais il ne pouvoit accorder à sa passion que les instans dérobés à la vigilance de ceux qui l'entouroient. L'amour entravé par ces obstacles, s'accroissoit au lieu de s'attiédir; combien il devoit être actif! aussi quels hommes étoient les Spartiates!

On remarque que les enfans de l'amour sont très-souvent doués des plus brillantes qualités : effectivement, que de grands hommes et de héros doivent leur naissance à l'amour! Une objection se présente : combien d'enfans naturels, dira-t-on, ont été des êtres nuls et abjects, et combien d'hommes nés d'une union légitime ont été célèbres par leurs grandes qualités? Il est vrai, mais aussi combien de ces premiers doivent leur vie à un outrage, ou à l'instinct brutal de la nature, et combien d'époux sont unis par les plus tendres liens! Parmi ces derniers, je citerai seulement les parens de J. J. Rousseau qui étoient un modèle d'amour conjugal. —— (Crétin!!!)

A Dieu ne plaise que mes observations puissent servir de base à quelque faux raisonnement en faveur de l'amour illégitime ! puissent-elles plutôt engager les époux à s'aimer comme s'aiment les amans !

FIN.

TABLE ALPHABÉTIQUE.

FIN DE LA TABLE

Livres curieux, instructifs et amusans, qui se trouvent à bon compte chez SAINTIN, *Libraire à Paris, rue de l'Éperon-Saint-André-des-Arts, n° 6.*

ABRÉGÉ de l'Histoire naturelle de Buffon, classé par ordres, genres et espèces, selon le système de Linnée; ouvrage enrichi de 174 planches gravées en taille-douce, représentant près de 1000 animaux, et accompagnées d'une notice descriptive de chaque animal, contenant ses mœurs, ses habitudes, la partie du monde où il existe, etc.: le tout extrait des Œuvres de Buffon, 4 vol. in-8, fig. en noir. 20 fr.

— Le même, fig. coloriées. 36 fr.

Abrégé de l'Histoire universelle, par de Thou, 10 gros vol. in-12. 20 fr.

Abrégé (nouvel) de l'Histoire de France, depuis Pharamond, jusques et compris Napoléon Ier, mis à la portée du plus jeune âge; in-12, gros caractère, bien imprimé sur beau papier, et orné de 12 jolies fig. représentant les traits les plus remarquables et les plus intéressans de l'Histoire de France. 1 fr. 50 c.

Abrégé de l'Ami des Enfans, par Berquin, 4 vol. in-18, fig. 3 fr.

Abrégé de la Vie des plus illustres Philosophes de l'antiquité, 1 vol. in 12, orné de portraits. 1 fr. 50 c.

Aimable (l') Sorcier, recueil divertissant, où chacun peut trouver son horoscope, et généralement toutes les vérités plaisantes qui les coneement; suivi du petit Escamoteur de Société, et du Convive facétieux, 1 vol. in-32, bien imprimé, jolies fig. 1 fr. 25 c.

Aminte (l') du Tasse, en français. 1 fr.

Amours (les) d'Ismène, 1 vol. 1 fr.

Arithmétique complète de Bezout, ancienne et décimale, augmentée d'instructions sur les nouveaux poids et mesures, 1 vol. in-12, bien imprimé sur bon papier, cartonné. 1 fr. 25 c.

Il est inutile d'observer qu'on ne pourrait se procurer cette édition à meilleur marché, quoique bien traitée et cartonnée.

Art (l') de connaître l'esprit et le caractère des hommes et des femmes par leur écriture, ouvrage nouveau, dans lequel se trouve de l'écriture d'un grand nombre de personnages célèbres, 1 vol. in-16, orné de 25 pl. 3 fr.

Atlas (nouvel) des Enfans et des Commençans, *ou* les premiers Elémens de la Géographie, mis à la portée des plus jeunes enfans, et démontrés d'une manière si simple et si claire, qu'il suffit de savoir lire pour les comprendre; ouvrage également utile à ceux qui n'ont aucune notion de la géographie, et qui veulent l'apprendre promptement et sans peine, orné de figures démonstratives, de cartes, et de 48 fig. coloriées, représentant les habitans et les costumes les plus singuliers et les plus curieux des quatre parties du monde, accompagnées de la description abrégée de leurs pays, mœurs, coutumes, usages, etc.; format gr. in-8°, sur raisin, cartonné, étiqueté. 5 fr.

— Le même, in-12, fig. noires, cart., 2 vol. 3 fr.

Atlas élémentaire, *ou* Nouvelle Méthode d'enseignement, par le moyen de laquelle on peut apprendre la géographie en peu de tems, orné de cartes coloriées et dessinées avec une grande précision, 1 vol. gr. in-8°, cartonné. 4 fr. 50 c.

Aventures de Laure et Felino, 1 vol. 1 fr. 20 c.

Aventures de Roquelaure. 75 c.

Aventure d'Olinde, 2 vol. 1 fr. 25 c.

Bibliothèque instructive et amusante des enfans, contenant les abrégés de l'Histoire de France, ornée de 12 jolies fig.; de l'Histoire Naturelle, ornée de 24 fig.; de la Mythologie, ornée de 30 fig.; de la Géographie, ornée de 70 fig.; de l'Histoire Sainte, ornée de 32 fig.; d'un choix de Fables d'Esope, 12 fig., etc., 1 fort vol. in-12, et atlas cartonné, bien imprimé, gros caractère, orné de près de 200 fig., planches, etc. 7 fr.

Bibliothèque amusante, *ou* Recueil d'anecdotes, bons mots, etc., etc., 2 gros vol. in-12. 3 fr.

Chansonnier du premier âge, 1 vol. 1 fr. 25 c.

Chansonnier français, (le) contenant les meilleures chansons, 7 vol. in-18, très-jolie édition. 7 fr.

Choix (nouveau) de jolies histoires très-intéressantes, 1 gros vol. in-18, 16 fig. 1 fr. 50 c.

Choix de beaux exemples de piété filiale, d'amour fraternel, de générosité, etc., 1 gros volume in-12. 2 fr.

Choix de Métamorphoses, 2 vol. in-8°, oblongs, ornés de 100 fig. 4 fr.

Chronique scandaleuse, 2 gros vol. 2 fr.

Collection complète des Tableaux historiques de

la Révolution, 3 vol. in fol., pap. vélin, 182 belles planches et portrait. 300 fr.

Contes des Fées, 1 vol. oblong, belle édit., ornée de 12 fig. charmantes. 3 fr.

Idem, 1 vol. in-18, 11 jolies petites fig. 1 fr. 25 c.

Contes à ma petite fille et à mon petit garçon, pour les amuser, les instruire et les corriger des petits défauts de leur âge, in-12, bien imprimé en gros caractères, sur papier fort, et orné de 24 fig. très-intéressantes pour eux. 2 fr.

Contes nouveaux, par Piis, 1 gros vol. 1 fr. 50 c.

Contes de La Fontaine, 2 vol. in-8o, fig. 2 fr. 80 c.

Contes de Bocace, 10 vol. in-18, fig. 7 fr. 50 c.

Dictionnaire géographique, *ou* Description des quatre parties du monde; nouvelle édit., entièrement refondue, plus complète et correcte que toutes les précédentes; par A. Letronne, et revue par M. Mentelle, 1 fort vol. in-12, très-bien imprimé. 5 fr.

Dictionnaire d'anecdotes, 2 vol. in-8o. 6 fr.

Dictionnaire de la langue française, par Catineau, dernière édit. 6 fr.

Ecritures (les) française et anglaise dans leur perfection, d'après les plus grands maîtres des deux nations, accompagnées d'un texte fort utile, in 4o. 3 fr.

Elève (l') de la Nature, 2 vol., fig. 1 fr. 50 c.

Emma, 2 vol., fig. 1 fr. 50 c.

Esprit de l'Encyclopédie, 13 vol. in-8o. 40 fr.

Etrennes géographiques, *ou* Costumes des peuples de l'Europe, gravés et coloriés avec soin, et accompagnés de la description du pays et des mœurs et coutumes de ses habitans, 1 v. in-16, avec 32 pl. sur papier vélin. 5 fr.

Etrennes à la Jeunesse, Recueil d'historiettes, 1 gr. vol. in-18, sur beau papier, et 15 jolies fig. 2 fr.

Eugénie de Nermont, 3 vol. 2 fr.

Fables de La Fontaine et autres, mises en chansons, 1 gr. vol. in-24. 1 fr.

Fables de La Fontaine, 2 vol. in-18, jolie édition, ornée de 24 fig. en taille-douce. 3 fr.

Fables de Florian, jolie édition. 1 fr.

Fratricide, (le) 3 vol. in 18, fig. 3 fr.

Geneviève de Cornouailles, 1 vol., fig. 1 fr.

Géographie de Buffier, 1 gr. v. in-12, cartes. 2 fr.

Géographie de Lacroix. 1 fr.

Grammaire française de Lhomond, bonne édition de Paris, reliée en parchemin. 90 c.

Grammaire française de Condillac. 1 fr. 90 c.

Grammaire anglaise de Peytont, 1 gr. vol. 2 fr.

Guide d'une Mère dans l'éducation de ses enfans, contenant un abrégé de l'Histoire ancienne et moderne de tous les pays, 2 vol. in 8°, bien imprimés sur beau papier. 5 fr.

Guide, (le) *ou* Nécessaire des jeunes dessinateurs, peintres, sculpteurs, ciseleurs, artistes dramatiques, et généralement de tous ceux qui se livrent aux arts d'imitation, ou caractères des passions, représentés par 60 fig., gravées soigneusement sur les dessins du célèbre Lebrun, précédées de figures démonstratives extrêmement utiles, d'un texte explicatif du mouvement des muscles, et d'une Notice sur la vie de ce grand artiste, in-8° oblong. 2 fr.

Cet ouvrage doit trouver autant d'acquéreurs qu'il y a de gens qui s'occupent de dessin, de peinture, etc., etc.

Henri et Julie Johnson, 5 vol. in-18, jolies fig. 3 fr. 50 c.

Histoire ancienne de Rollin, 14 vol. in-12. 30 fr.

Histoire d'Angleterre, traduite de Hume, 18 vol. in-12. 32 fr.

Histoire des Empereurs romains, 12 vol. in 12. 24 fr.

Histoire des Peuples de l'Europe, 12 gros vol. in-12. 20 fr.

Histoire de France, 6 vol. in-8°, belle édition. 18 fr.

Histoire d'un Joueur, 1 vol., fig. 1 fr.

Histoire de lady Cléveland, 2 v. in-12. 2 fr.

Histoire de la Grèce, 2 vol. in-8°. 6 fr.

Histoire et Aventures de M. Croquemitaine, où se trouvent celles de MM. Brique-à-Braque, Félipeur, Bras-de-Fer, etc., pour les petits enfans, 1 vol in-18, gros caractères, ornés de 8 fig. 1 fr. 25 c.

— Les mêmes, fig. color. 2 fr.

Jérusalem délivrée, 2 gros vol. in-18, ornés de 4 fig. 2 fr. 50 c.

Lavater (le) portatif, *ou* l'Art de connaître les hommes par les traits du visage; quatrième édit., augmentée d'une Notice sur la vie de Lavater, d'anecdotes physionomiques, etc., 1 vol. in-16, orné de 33 planches coloriées soigneusement. 3 fr.

Lavater (le) des Dames, *ou* l'Art de connaître les femmes sur leur physionomie; suivi d'un Essai sur les moyens de procréer des enfans d'esprit ; quatrième édition, considérablement augmentée, 1 vol. in-16, orné de 30 planches coloriées. 3 fr.

Lettres choisies de madame de Sévigné, 3 vol. in-18, jolie édit., fig. 4 fr. 50 c.

Livre de Famille, *ou* Lectures récréatives et instructives, 4 gros vol. in-18, 36 fig. 5 fr.

Matinées (les) du Hameau, *ou* Contes d'un grand-père à ses petits enfans, 4 vol. in-18, fig. 4 fr.

Ménagerie (la) impériale, *ou* Collection de 300 fig. représentant les animaux les plus curieux des quatre parties du monde, classés par genres, et accompagnée d'un texte indiquant les pays qu'ils habitent, leurs mœurs, etc.; suivie d'anecdotes qui les concernent; ouvrage instructif et amusant pour tous les âges, mais surtout pour la jeunesse, 4 forts vol. in-18, très-bien imprimés sur beau papier, et ornés de 300 figures. 10 fr.

— Le même, fig. coloriées. 20 fr.

— Le même, pap. velin, fig. color. avec grand soin. 30 fr.

Mimique, (la) *ou* l'Art de connaître les hommes par leur attitude, leurs gestes, leurs démarches, etc., 1 vol. in-16, orné de 32 planches coloriées soigneusement. 3 fr.

Nuits d'Young, (les) 2 forts vol. in-12, fig. 4 fr.

Numa Pompilius, en italien, 2 vol. 2 fr.

Œuvres de Gesner, 3 vol in 18, ornés de fig., jolie édit. 4 fr.

Œuvres agréables du marquis de Pezei, 2 vol. in-18, 6 jolies fig. 2 fr. 50 c.

Œuvres de Vergier, 3 gros vol. in-18, jolie édition. 3 fr.

Œuvres de Méro, jolie édition, 1 vol. in-18, fig. 90 c.

Œuvres de Regnier, 2 vol. in-18, fig. très jolie édition. 1 fr. 50 c.

Œuvres de Rivarol, 4 vol. in-12, fig. 3 fr.

Œuvres de Grécourt, 8 vol. petit in-12; ornés de jolies fig. 5 fr. 90 c.

Œuvres complètes de Vadé, 6 vol. petit in-12, jolie édit. 5 fr.

Œuvres d'Homère, contenant l'Iliade et l'Odyssée, 6 vol. in-18. 6 fr.

Œuvres de Florian, 24 vol. fig. 20 fr.

Petit (le) Buffon des Enfans, *ou* Extraits d'Histoire naturelle des animaux, pour l'instruction de la jeunesse, 1 vol. in-18, orné d'un grand nombre de fig. 2 fr.

Petit Cours d'Écriture anglaise, dédié et présenté à la Banque impériale de France, gravé et imprimé soigneusement, cahier oblong. 1 fr. 50 c.

Ce petit ouvrage est adopté à Paris par tous les jeunes gens qui se destinent au commerce ou à la profession d'employé, ce qui le fait prendre dans les maisons d'éducation.

Petit Dictionnaire portatif des rimes, précédé d'un Traité de la Versification, 1 vol. petit in-12. 2 fr. 25 c.

Poésies de Vernes, 1 vol. in-18, jolie édit. 80 c.

Promenades instructives et amusantes d'une mère avec ses enfans, 1 fort vol. in 18, très-bien imprimé, fig. 1 fr. 25 c.

Ruth et Noémie, *ou* les deux Veuves, par M. de

Keratry, 1 vol. in-18, bien imprimé sur papier d'Angoulême, et orné de 4 fig. charmantes. 2 fr. 50 c.

— Le même, pap. vélin superfin. 5 fr.

Secrets (les) de famille, 5 vol. 3 fr. 75 c.

Six Jours (les) de la Création, *ou* Leçons d'un père à son fils sur l'origine du monde et sur les productions de la nature; par Jauffret, 2 v. in-18, ornés de 8 jolies fig. 3 fr.

Synonimes anglais, ouvrage très-utile à ceux qui apprennent l'anglais, 2 vol. in-8°. 6 fr.

Tablettes chronologiques de l'Histoire des découvertes géographiques et des découvertes dans les sciences et les arts; suivies de tableaux de la population, des nombres curieux, des années à vivre, du système de botanique de Linnée, fig. coloriées, du système de Gall, et de 36 fig. coloriées représentant les peuples et les costumes les plus singuliers des quatre parties du monde, rouleau en beau maroquin doré. 6 fr.

Tous les journaux ont fait l'éloge de ce joli petit ouvrage, d'un genre aussi nouveau que curieux.

Théâtre de Piis et Barré, contenant leurs plus jolis Vaudevilles, 2 gros vol. in-18, très-jolie édition. 2 fr.

Traité des Etudes, par Rollin, 4 gros vol. in-12. 9 fr.

Trente-deux Exemples d'Ecritures françaises, d'après les grands maîtres, à l'usage des premières écoles de l'Empire, imprimé sur très-beau papier. 1 fr.

Vocabulaire, (nouveau) *ou* Dictionnaire portatif

de la Langue française, 1 gros vol in-8°, nouvelle édition. 6 fr.

Voyage du jeune Anacharsis en Grèce, 7 vol. in-8°. 18 fr.

— Le même, avec atlas. 23 fr.

Voyage en Amérique, 1 vol. in-8°. 2 fr. 50 c.

Voyage en Grèce, 2 vol. in-8°, fig. 8 fr.

Voyage au Parnasse, *ou* Critique des Auteurs modernes. 1 fr.

Voyage dans la mer du Sud, 1 volume in-8°. 2 fr. 50 c.

Voyage à Botany-Bey, etc., 1 vol in-8°, fig. 3 fr.

Voyage en Sicile et en Grèce, 1 vol in-8°. 3 fr.

Vue de Paris en miniature, 1 vol. in-32, imprimé sur beau papier, par Didot aîné, orné de 47 planches représentant Paris dans son origine, les costumes de ses anciens habitans, leurs temples, maisons, tombeaux, armes, etc.; la vue de tous les beaux monumens qui ornent aujourd'hui cette superbe capitale, son histoire abrégée, les anecdotes qui la concernent, et une foule d'autres choses aussi curieuses qu'utiles, cartonné. 4 fr.

— Le même, en maroquin, doré sur tranche, filets d'or. 6 fr.

Aventures de Télémaque, 4 vol. in-18; jolie édition ornée de 25 figures. 6 fr.

On trouve chez le même Libraire un assortiment des plus beaux Livres de piété de tous les formats, et à l'usage universel, ainsi que beaucoup de Livres pour les Enfans et la Jeunesse.

Il fait la Commission.

www.ingramcontent.com/pod-product-compliance
Ingram Content Group UK Ltd.
Pitfield, Milton Keynes, MK11 3LW, UK
UKHW021153260726
13994UKWH00001B/443